Liebesgedichte

Ricarda Huch

Alpha Editions

This edition published in 2022

ISBN : 9789356711563

Design and Setting By
Alpha Editions
www.alphaedis.com
Email - info@alphaedis.com

Liebesgedichte

By Ricarda Huch

DER Becher klingt; mein Herz ist der Becher!
Trink Liebe, trinke dich satt!
Es zittert; o berauschter Zecher,
Der fest in bebenden Händen es hat!
Wer hat wie du ein Meer zum Pokale?
Ein Meer voll wachsender Glut!
Es saugt aus eurem feuchten Strahle,
Ihr trunkenen Augen, die himmlische Flut.

ICH werde nicht an deinem Herzen satt,
Nicht satt an deiner Küsse Glutergießen.
Ich will dich, wie der Christ den Heiland hat:
Er darf als Mahl den Leib des Herrn genießen.
So will ich dich, o meine Gottheit, haben,
In meinem Blut dein Fleisch und Blut begraben.
So will ich deinen süßen Leib empfangen,
Bis du in mir und ich in dir vergangen.

WO hast du all die Schönheit hergenommen,
Du Liebesangesicht, du Wohlgestalt!
Um dich ist alle Welt zu kurz gekommen.
Weil du die Jugend hast, wird alles alt,
Weil du das Leben hast, muß alles sterben,

Weil du die Kraft hast, ist die Welt kein Hort,
Weil du vollkommen bist, ist sie ein Scherben,
Weil du der Himmel bist, gibt's keinen dort!

WAS für ein Feuer, o was für ein Feuer
Warf in den Busen mir der Liebe Hand!
Schon setzt es meinen zarten Leib in Brand
Und wächst an deiner Brust noch ungeheuer.
Zwei Fackeln lodern nun in eins zusammen:
Die Augen, die mich anschaun, sind zwei Kerzen,
Die Lippen, die mich küssen, sind zwei Flammen,
Die Sonne selbst halt ich an meinem Herzen.

EINE Melodie
Singt mein Herz, die du gesungen.
Still auf deinem Knie
Lag mein Haupt, von deinem Arm umschlungen.

Schwerer Duft der Nacht
Zog mit müdem Hauch vorüber.
Bang hab ich gedacht:
Sterben müßt ich, hätt ich dich noch lieber.

Liebst du auch so sehr?
Warum singst du solche Lieder?
Aus verhülltem Meer
Läuten Glocken auf und tauchen nieder.

Tief im dunklen Dom
Schwanken Weihrauch und Choräle …
Wie ein Tränenstrom
Zieht es einsam jetzt durch meine Seele.

WIE liebten wir so treu in jenen Tagen,
Fest wie die Sonne stand das Herz uns da.
Getrennt, wie hatten wir uns viel zu sagen,
Und sagten stets nur eines: Liebst du? Ja!
O Liebe, kannst du wie ein Traum der Nächte
Vorübergehn, die du unendlich scheinst?
Mir ist, als ob er fernher mein gedächte
Und fragte: Liebst du mich? Sag ja wie einst!

STILL vom Frühlingsabendhimmel
Schwebt ein Wolkenkahn zu mir hernieder;
Durch das irre Weltgetümmel
Zieht er lautlos wie auf Traumgefieder.

Mein Geliebter lenkt den Nachen,
Gram und Inbrunst in den schönen Zügen.
»Heim ziehn alle, die noch wachen.
Komm und laß uns Seel an Seele schmiegen.«

Langsam schwer in Abgrundsferne
Sinkt erlöschend der begrünte Hügel,
Und das Himmelreich der Sterne
Taucht aus seiner Augen dunklem Spiegel.

EIN Engel hat den vollen Kranz der Liebe
Einst auf dies töricht junge Haupt gesetzt,
Und daß er Rosen überschwenglich triebe,
Mit seiner Tränen Flut ihn reich benetzt.
Die Sonne sank, seit wir uns Treu gelobten.
Wie grün er war, der Kranz ist lang verbleicht – –
O Scham, Triumph und Demut des Erprobten,
Dem Gott die Krone ewgen Lebens reicht!

EIN Todesengel, göttlich sanft und schön,
Trägst du gen Himmel mächtig meine Seele.
Durch alle Nacht hindurch, wie Stürme wehn,
Fühlst du den Weg, den ich allein verfehle.
Wie rücken die Gestirne weit, so weit!
Der Erde fern und fern der Ewigkeit
Nichts faß ich mehr als deines Herzens Schlagen.
Ein Adler ist's, der steigt: einst wird es tagen.

ACH Gott, ein Grablied meinem Herzen stimmt,
Weil von der Erde nun es Abschied nimmt.

Verschworen hat's den argen Mummenschanz,
Den Schleier nimmt es und den Rosenkranz.

Ins Kloster geht's, die Kutte legt es an,
Ein Heilger wird's, zu dem man beten kann.

Einst tanzt es als ein Sternlein hoch im Blau;
Hernieder fiel es und erlosch im Tau.

Ein Schwärmer stieg's in die entzückte Luft,
Versprühte buntes Licht; nun ist's verpufft!

Johanniskäfer war's und glühte schön;
Nun ist's ein Würmchen, häßlich anzusehn.

Wie Nachtigall sang's Liebe immerzu;
Ein Käuzchen ward es nun und ruft schuhu.

GESTERN weint ich in den Schoß des Glückes:
Ach, mir fehlt die Sonne deines Blickes!

Laß mich, laß mich deine stolzen süßen
Goldnen Augen einmal noch genießen,

Daß ich froh die Blicke wieder wende
Auf den Tanz der Weltallsgegenstände,

Und das Glöckchen wieder höre klingen
Lieblich in den bunten Erdendingen.

Da erblickt ich in der großen Ferne
Eine Wiese voller Blumensterne,

Überrieselt von der Sonne Röte,
Bienenübersummt wie Hauch der Flöte,

Und das Glück sprach: Sieh, so wirst du liegen
Und dich an zwei traute Lippen schmiegen.

Aber einst, nach langen Sommertagen – – –
Und da schwieg es, wollte nichts mehr sagen.

O blühende Heide, welken wirst du müssen!
Du Sternenantlitz, mußt du auch vergehn?
Es gäb ein andres Glück als dich zu küssen,
Und andre Wünsche als dich anzusehn?
Ihr Seelenaugen, warmes Licht der Liebe,
Erlöschen sollt ihr? nie mehr widerspiegeln
Die goldne Bläue über diesen Hügeln?
Du wärst dahin, und Erd und Himmel bliebe?

SINKT nun der Frühlingstraum verwelkt von allen Bäumen,
So bebt mein Herz von einem Jubelschrei:
Es muß vorübergehn, was lebt in Erdenräumen –
Ich habe dich, und du gehst nicht vorbei.

Hoch auf am Ararat der Liebe branden
Die wilden Wasser der Vergänglichkeit,
Wir sehn die Welt zu unsren Füßen stranden,
Umstrahlt vom Himmel, der das Grab der Zeit.

STURMLIED

O Brausen des Meers und Stimme des Sturms
Und Irren im Nebelschwarm!
In Hafens Ruhe, im Schutze des Turms,
Wie eng und arm.

Ich will kein Kissen mir unters Haupt,
Kein Schreiten auf Teppichen weich;
Hat mir der Sturm auch die Segel geraubt –
Da war ich reich!

O herrliche Fahrt im Windeshauch
Hinauf und hinab und zurück!
Nur kämpfend, und unterlieg ich auch,
Ist Leben Glück.

DU, dem ich angehöre, laß, wenn ich gestorben,
Was von mir übrig, meine Asche, bei dir sein.
Und deine Hand, um die mein Leben einst geworben,
Tauch in den Staub, der einst dein Fleisch war, ein.
Läßt du den trüben Strom durch deine Hände fluten,
Die einst, wie Frühlings Hauch aufzückt im jungen Stamme,
Berührend diesen Leib entzündeten zur Flamme,
Fühlst du ihn plötzlich wohl erglühn in alten Gluten.

WIE Laodamiens Gatte für drei Stunden
Vom Nebelschoß des Todes losgebunden,
Erschienest du, wie einst mir zu gehören;
Und da ich noch mit innigstem Beschwören
An deinem traumesschweren Leibe sauge,
Senkst du in meine Brust zum letztenmal
Mit dunkler Kraft das mitternächtge Auge,
Und tauchst hinunter in die leere Qual!

DREI Tage kniet ich weinend auf der Schwelle
Und rief den Namen an, einst mir so mild.
Dann drang ich in des Tempels letzte Zelle
Und sah erbebend das verehrte Bild.
Das Götterangesicht, das langentbehrte,
Enthüllend stand er streng im Flammenschein.
Erst als die Glut mich griff, doch nicht verzehrte,
Sprach er: Ich kenne dich. Und du bist mein.

ES bebten Berg und Täler von Gewittern,
Das Licht erlosch am Himmel in die Nacht.
Noch überläuft die fernen Hügel Zittern,
Doch löst sich linde schon der Stürme Schlacht.
Im frisch entwölkten Blau strahlt durchs Gewimmel
Der Sterne stolz ein Schwert mit Schneid und Knauf.
O Erde, rolle jauchzend durch die Himmel:
Das Sternbild unsrer Liebe ging dir auf!

DEIN Name, hör ich plötzlich ihn gesprochen,
Scheint aus Gewölken wie ein Blitz zu fallen,

Der alle Siegel schmelzend aufgebrochen,
Der Tore wirft von nie betretnen Hallen.
Du stürzest, schöner Name, nicht entzündend
In diese Brust; ein Strahl, ein ewig neuer,
Zuckst du hindurch und in der Seele mündend,
Vermählst du ihre Flut mit deinem Feuer.

MICH band die Liebe an den Pfahl der Pein,
Durchbohrend mit dem Schwerte, das nicht tötet,
Mein Eingeweide, bis der scharfe Stein,
Auf dem ich kniee, sich mit Blute rötet.
Doch neig ich dankend mich den Schmerzenslosen;
Denn über mir seh ich wie eine Sonne
Die Marterkrone dunkelroter Rosen:
Mein Blut in Blüte, die mich krönt zur Wonne.

DU kamst zu mir, mein Abgott, meine Schlange,
In dunkler Nacht, die um dich her erglühte.
Ich diente dir mit Liebesüberschwange
Und trank das Feuer, das dein Atem sprühte.
Du flohst, ich suchte lang in Finsternissen.
Da kannten mich die Götter und Dämonen
An jenem Glanze, den ich dir entrissen,
Und führten mich ins Licht, mit dir zu thronen.

WIE wenn Gott winkt, und die Ströme und Meere der Erde
Brausend sich wenden, gestürzt vor der Allmacht Gebärde,
Stürmt dir mein Blut, wenn du winkst; aus den Schluchten der Seele
Quillt es mit Inbrunst, gewendet zu deinem Befehle.

DIE Harfe war besaitet ohne Ziel.
Kein wehnder Wind erregte sie zu Tönen,
Kein Finger konnte sie dem Lied gewöhnen.
Du legst die Hand auf das gebannte Spiel:
Die Saiten, die sich keinem Griff bequemen,
Erzittern unter dir entzückt und bang,
Jäh überstürzt von ihrem Klang
In raschem Quell und schweren, dunklen Strömen.

DU gingest durch ein Felsental im Feuer,
Gebundnen Fußes wie ein Ungetreuer,
Verzehrt, verdorrt, verschmachtet, ohne Flucht
Vor dreistem Blick und schnödem Hohn der Spötter.
Nun da der Tag sich neigt auf unsern Wegen,
Und du, das Haupt der heilgen Nacht entgegen,
Hervortrittst aus der gnadenlosen Schlucht,
Strahlst du unsterblich wie die goldnen Götter.

DU reichtest mir den Kelch voll bittrer Flammen
Und ließest mich in dunklen Labyrinthen.
Allein, vergessen Heimat und Entstammen,
Erlitt ich Dienst und Kampf bei Fremdgesinnten.
Ich wanderte verhüllt am Todesflusse
Im Schrei des dürren Laubs und hoffte nichts.
Da trittst du vor mich hin, ein Gott des Lichts,
Und glühst mich jung mit diamantnem Kusse.

DENN unsre Liebe hat zu heiß geflammt,
Die wir entrissen alten Göttermächten.

Von Sterblichen verdammt
Schlug sie empor in unterirdschen Nächten.

Sie loderte wie Fackeln überm Grab.
Der Sterne Heer zerschmolz in ihrem Hauch
Und troff auf sie herab.
So schmolzen schmerzlich unsre Seelen auch.

O Wohlgeruch, o Glut! O Lust und Glanz!
O Qual, nie nah genug so nah zusammen!
Empfang uns endlich ganz,
Abgrund der Nacht, in deinen Liebesflammen.

DER Liebe Meer versiegte nicht, es schwoll,
Sich selber speisend, hoch um unsre Wege.
Erst netzt es unsre Füße Schaumes voll,
Dann hub es sich bis an des Herzens Schläge.
Einst kommt der Tag, in seines Schwellens Drang
Reißt es vom Gipfel uns, dem kaum errungnen,
Und überflutet höchsten Glückes Gang,
Und rauscht Gesänge über uns Verschlungnen.

IN jener Zeit, da ich dich nicht mehr nannte,
Schuf ich ein Weihgefäß aus edler Erde
Und barg darin, die einst an dir entbrannte,
Die Flamme, daß sie rein gehütet werde.
Von der empfangnen Brunst errötend bebte
Das Weihgefäß, doch sprang es nicht entzwei.
Kein Funken meiner Liebesglut entschwebte!
Nun nimm es du, daß es dir heilig sei.

SCHWILL an, mein Strom, schwill über deine Weide,
Umschlinge Haupt und Stamm zu dir hinab.
Daß sich kein Blatt aus deiner Flut mehr scheide,
Taucht sie die Zweige schluchzend in dein Grab.
Daß dich doch dürstete, wie sie verschmachtet!
Verzehre sie, wie sie dich trinken will!
In dich gebogen, ganz von dir umnachtet,
Von dir verschlungen wird die Seele still.

ICH bin dein Schatten, du bist, der mich schafft,
Du gibst Gestalt und Maß mir und Bewegen.
Mit dir nur kann ich heben mich und legen,
Ich dein Geschöpf, du Willen mir und Kraft.

Dir angeschmiegt bin ich in deiner Haft,
Wie die von Ketten schwer den Fuß nicht regen.
Was du mir tust, ich kämpfe nicht entgegen,
Durch dein Gebot belebt und hingerafft.

Doch bin ich dein, auch du gehörst der Deinen.
Du kannst mir nicht entfliehn, dich neu gewänn ich,
Mich nicht verstoßen, neu würd ich erkoren.

Solange Sonn und Sterne dich bescheinen,
Siehst du zu deinen Füßen unzertrennlich
Die Liebende, für dich aus dir geboren.

DU lässest Duft und Wohllaut, wo du gingest,
Die Luft, die dich umgab, wird süß und trunken.
Was du mit deinem goldnen Blick umfingest,
Ward überfüllt von reifen Liebesfunken.
Es blüht und glüht und schwillt und klingt und leuchtet
Um dein Erscheinen her und deinen Namen.

Du schüttest aus, von Lebenstau befeuchtet,
O Paradiesesfrucht, der Schönheit Samen.

DU warst, o Hand, die Taube, die mich nährte,
Mit Milch und Honig, Brot und Wein.
Du gabst, was Rausch und Nüchternheit gewährte
Und jene Zauber, die zur Liebe weihn.
Du hast mir Todesglut ins Herz gegossen,
Doch deine Schwinge war der Nacht Geleit;
Das Fleisch, das du gespeist, das dich genossen,
Betaust du drüben mit Unsterblichkeit.

WENN je ein Schönes mir zu bilden glückte,
War's, weil ich hingegeben deinem Wesen,
Mit meiner Seele mich in dich verzückte,

Und, wie der Winzer nach dem Traubenlesen
Erglüht und schwankt in Purpurgeist gebadet,
Wie Kranke, die nach tiefem Schlaf genesen,

Wie ein Geliebter, den ein Gott sich ladet,
Ihm teilt an goldnem Tisch des Nektars Blüte, –
Zurück mir kam mit Harmonie begnadet,
Lebendgen Feuers Wogen im Gemüte.

DIE Sterbliche, die dem Olympier teuer,
In seiner Gottheit Glanz von ihr erfleht,
Schmolz, da er kam, sein unerträglich Feuer.

Ich bin die immerdar in Flammen steht.
Von deinen Augen götterhaft durchdrungen
Entbrannte dieser Leib, der stets vergeht,

Stets von der Glut erneut, die ihn bezwungen.
Erlischt die Brunst auch nicht in Lethes Bade,
Die Schmerzen fühl ich selig kühl verschlungen,

Noch schwer von Erdenwonne schon in Gnade.

WIE ein Satrap den Leib der Braut sich schmückt,
Daß er erschimmert unter Goldgehängen,
Ein atmend Bildwerk, so mein Fleisch verdrängen
Die Küsse, die dein Mund ihm eingedrückt.

Ambrosisch ward, das du in Glut getaucht,
Mit Tränenschnüren hundertfach umschlungen,
Das du gebadet hast in Liebkosungen,
Darin dein Atem seinen Duft verhaucht.

Es altert nicht und wird dir nie gemein,
Entwürdigt durch der Jahre steten Druck.
Die Zeit muß dienend meinen Leib verschönen:

Je süßer leuchtet sein verliehner Schein,
Je reicher ihn verhüllt der Liebe Schmuck,
Und deine Gnaden seine Demut krönen.

WIE sich der Frühling opfernd vor der Sonne
Auf Hügeln, süß von Weihrauch, selbst verzehrt,
So geb ich dir, o Herr, der mich begehrt,
Die deinem Blick erschloßne Liebeswonne.

In deine Flamme warf ich meine Blüte.
Dein göttlich Feuer stürmend schnell genießt
Den zarten Flor, der mir vom Herzen sprießt:
Mich selber denn, da du mich liebst, behüte!

Laß nach, o Glut, daß ich nicht sterbe! Längst
Mit immer neuen Opfern dich verehrend,
Hab ich, was mein war, deinem Wunsch gegeben;

Verlange nicht, daß du mich ganz empfängst,
Mein Leben auch. – Du schütteltest verwehrend
Das Haupt und sprachest: Liebe! wozu leben?

DU warst nur kurze Tage mein Gefährte,
Doch ist mein Wesen so von dir durchstrahlt,
Und so dein Bild in meinem Tun gemalt,
Als ob ein Leben deine Nähe währte.

So kann, ins Glas gesprüht, ein Tropfen Wein
Des Wassers Nüchternheit in sich verschlingen
Und es mit Süße, Farbe, Duft durchdringen,
Daß keins vom andern je mehr zu entzwein.

So schwingen Sterne sich und aber Sterne
Um eine Sonne, die sich nie enthüllt,
Mit ihrer Kraft und ihrem Licht sie füllt,
Und sie regiert aus unermeßner Ferne.

DU warst in dieser götterlosen Zeit,
Wo trübe Träumer ohne Lichtgedanken
Wie leere Schiffe unterm Himmel schwanken,
Der Stern, der mich geführt hat und gefeit.

Die Spur, die du gegangen, zu betreten,
Daß ich nicht irrte, war mein hohes Ziel.
Von irdischen Geschäften, Drang und Spiel
Trug mich empor das Glück dich anzubeten.

Wie nachts ein Segel steuernd heimatwärts
Der Leuchte zu die schweren Nebel spaltet
Und so gelenkt sich in den Hafen rettet,

Ging ich getrost, den Blick an dich gekettet,
Die Hände gläubig auf der Brust gefaltet,
Durch Flut und Dunkel an dein strahlend Herz.

DEM Bettlerkinde gleich, das vor den Türen
Mit scheuem Mund der Armut Bitte raunt
Und andachtsvoll auf fremde Schätze staunt,
Die seinem kargen Lose nicht gebühren,

Kam ich zu dir, der meine leeren Hände
Mir überhäufte, reichgeboren mild,
Mich schmückte wie ein wundertätig Bild,
Daß ich nun selbst besitze und verschwende.

Der Herrschaft Zeichen strahlt aus Diademen
Von meinem Haupte Demant und Rubin.
Doch es erlischt die prahlerische Helle

Vor dir, denn was du gabest, kannst du nehmen,
Und immer steht wie einst die Bettlerin
Mit nacktem Fuß auf deiner goldnen Schwelle.

DU führtest mich zuerst ins Heiligtum
Zu lichter Götter Bildern und Altären,

Du lehrtest, was sie weigern und gewähren,
Der Menschen Schicksal und der Helden Ruhm.

Du schmolzest sanft mit langem Liebeskuß
Der Kindheit Siegel mir von Mund und Augen,
Und ließest mich von deinem Blute saugen,
Zu meiner mischend deiner Seele Fluß.

So ward mein Blut, Geliebter, dir leibeigen,
Von einem Quell des deinen unterjocht,
Der es mit Sehnsucht nach sich selbst entzündet.

Nach dir muß es verlangen, stürzen, steigen,
Bis es im Meere deines Herzens mündet,
Und gleichen Schlag mit seinem Schlage pocht.

GELIEBTER Herr, du tauftest mich mit Feuer,
Die zu beseligen du auserkoren,
Daß ich aus eignen Schmerzen neugeboren
Dir auferstände reiner, stärker, treuer.

Nicht daß du früher minder mich gewertet,
Für mich nur tilgend, was du kaum getadelt.
Wie Gold im Flammenbad sein Wesen adelt,
Ward meiner Art Gebrechlichkeit gehärtet.

Verbargst du dich mir einst in strengen Falten,
Nun gib, Geliebter, deine Liebe ganz!
Nicht brauchst du fürder dich zurückzuhalten.

Ergieße Sehnsucht, Inbrunst, Glut und Glanz!
Mein Herz empfängt die tödlichen Gewalten,
Wie ein vergöttert Haupt den Sternenkranz.

WIR fanden im Zwielicht hohe Wege,
Ein trauriger Wind ward fernher rege.
Die schwarzen Büsche, die sich bücken,
Zerbläst sein Wehn,
Der Himmel blitzt weiß durch Blätterlücken,
Die schnell vergehn.

Das Herz wird uns schwer, der Fuß wird müde,
Wie wenn uns ein Hauch mit Furcht belüde.
Die böse Zeit in Schicksalsgründen
Für immer schwand;
Was kann uns der Wind für Unheil künden,
Uns Hand in Hand?

Er kommt von den Hügeln, wo wir klagten,
Von Wolken und Winden nur umjagten,
Verlornen, wo auf bleicher Erde
Nichts wächst, nichts bleibt,
Kein wandernder Schäfer seine Herde
Vorübertreibt.

DIE Sage weiß von eines Brunnens Tugend,
So fruchtbar und geheimnisvoll erlaucht,
Daß er den Greis, der wankend untertaucht,
Verwandelnd schmückt mit neugewirkter Jugend.

Sieh, wie der Leib, der seiner Kraft vertraut,
Sich selig hebt aus den erglühten Wogen,
Von ihrer Inbrunst schwellend vollgesogen,
Mit frischen Lebens Morgenrot betaut,

Bald an sich selbst, bald an der Welt sich weidet,
Die Arme breitend nach der Frühlingsflur,
Mit wundertätgen Tropfen sie befeuchtend,

So wenn mein Herz aus deinen Armen scheidet,
Grüß ich verjüngt die lachende Natur,
Von deiner Kraft und deiner Schönheit leuchtend.

DIR fern und ferner, deiner nicht gedenkend,
Verhehlend was einst Glück war, Stolz und Ehre,
Ging ich durch Täler, über Berg und Meere,
In Schutt und Schlamm die müden Füße senkend.

Doch du gingst mir zur Seite unsichtbar,
Von deinem dunklen Blick war ich umfangen,
Dein Atem hauchte mild um meine Wangen,
Daß ich verlassen doch dein eigen war.

So gleitet still der Tod, dem wir gehören,
Um unsre Schritte, die sich von ihm wenden,
Und wenn verhüllt von blendend bunten Flören

Das Auge noch im Kram des Lebens wählt,
Ruht unsre Seele in des Gottes Händen,
Des treusten, dem von Anfang sie vermählt.

WIE aus des Ostens Dunst im Siegeswagen
Die Sonne rollt an des Regierers Statt,
Geschöpf und Herr, in eigner Fülle satt,
Von selbsterzeugter Flamme Kraft getragen,

Und wie was Lebendes ihr zugewendet,
Das falbe Blatt, das ihre Strahlen greift,
Die Frucht, die still im Safte kochend reift,
An ihrem Übermaße sich vollendet,

So gehst du sonder Makel, sonder Gleichen,
Ein Siegender auf unbegangner Bahn
Gelassen durch der Menschenwelt Getriebe;

Und was wir ahnen als der Gottheit Zeichen,
Machst du erkennbar allen, die dir nahn:
Vollendung, deren Widerhall die Liebe.

WIE sich die Erde scheidend von der Sonne
Mit hastgem Flug in stürmsche Nacht entfernt,
Den nackten Leib mit kaltem Schnee besternt,
Verstummt, beraubt der sommerlichen Wonne,

Und tiefer sinkend in des Winters Schatten
Sich plötzlich nähert dem, wovor sie flieht,
Mit Rosenlicht sich warm umschlungen sieht,
Entgegenstürzend dem verlornen Gatten,

So ging ich, leidend der Verbannung Strafe,
Von deinem Antlitz fort ins Ungemach,
Dem öden Norden schutzlos zugewendet,

Stets tiefer neigend mich dem Todesschlafe,
Und wurde so an deinem Herzen wach,
Von morgenroter Herrlichkeit geblendet.

AM KLAVIER

NIE laß mich <u>hören</u> alte Töne,
Die duften Erinnerungen:
Vergangne Zeit, traurige, schöne,
Silbern Meer, summende Heide,
Rast und Traum auf ewigen Steinen,
Vom Himmel umschlungen
Wir beide,
Fülle des Glückes, verhaltnes Weinen.

Deine Küsse sind so:
Süß wie einst, süßer als einst.
Was du denkst, was du hoffst, was du weinst,
Was in Jahren entfloh,
Ungeküßter Küsse Glut,
Ungestillter Sehnsucht Drang,
Götterkraft, Jugendblut,
Liebe das Leben lang
Überglüht mich heiß,

Überfließt mich ganz,
Wie von den Bergen Weiß
Des Mondes fließt,
Fern ferner Sonnenglanz,
Durch Nacht versüßt.

O schöne Hand, Kelch, dessen Duft Musik,
Wie Töne schweben geht der, den du führst,
Melodisch wird der Stein, den du berührst,
Wenn sie dich einhüllt, wird die Luft Musik.

Du tust dich auf, um Wohllaut zu verschwenden,
Der ordnet, was Gewalt und Wahn verwirrten,
Und Seelen, die auf Erden sich verirrten,
Hinüberlockt, wo Wunsch und Zweifel enden.

O Hand, Gebieterin der Töne, bleib
Auf diesem Herzen ruhn, das ruhlos schwingt,
So wandelst du in Frieden sein Verlangen.

Dämonische, berühre diesen Leib,
Er bebt wie Saiten, wird ein Meer und klingt
Und rauscht empor, die Sonne zu empfangen.

WIE eines Königs Hand Berührtes adelt
Und tilgt vom Henker selbst den Blutgeruch,
In Ehre wandelnd seines Amtes Fluch,
Daß köstlich wird, was man zumeist getadelt,

So, wenn du stürbest, würde Tod mir teuer,
Vor allen Göttern nun erflehter Gast,
Des Name wie des Teufels sonst verhaßt,
Mir Feind und Fratze war und Ungeheuer.

Das Leben, dem noch immer Früchte reifen,
Das noch zu Festen hoch die Fackel hält,
Ich hieß es schal, zum Possenspiel entartet,

Das schöne Leben! froh es abzustreifen,
Dem Purpur gleich, der unbeachtet fällt,
Wenn auf dem Hochzeitsbett die Liebe wartet.

DIE Erde, von des Himmels Macht umrundet,
Ein goldner Keim gesenkt in seinen Schoß,
Empfängt von ihm ihr heilges Sternenlos,
Von ihm gespeist, erwärmt, umwölkt, verwundet.

Mag er ihr zürnen, ihr Verschmachten stillen,
Mit Lorbeer sie bekränzen, Reb und Myrte,
Ob er mit eisgen Stacheln sie umgürte,
Sie hüllt sich innig ein in seinen Willen.

O du, in dessen Brust gesenkt ich liege,
Mein Schicksal nehm ich an von deiner Güte
Und segne Glück und Weh, das du verhängst.

Du warst, Geliebter, meines Lebens Wiege,
Du bist das Grab, wo ich mein Hoffen hüte,
Bis du mein Himmel wirst und mich umfängst.

UM diese Hügel, die dem Blick entgleiten,
Schwankt nun der Abend, müde, grau und feucht.
Still schwinden Haus und Baum und stehn verscheucht
Und gramvoll schwer in den Vergessenheiten.

Unendlich Weinen löst den Tag in Weh.
Der Schnitter rauschend Werk, die vollen Stunden,

Das Tanzen, Schwärmen, Lieb und Wahn und Wunden,
War's heute? War's vor Jahren? War es je?

Dies ist die Stunde, wo im fernen Land,
Wenn's ruhlos pocht aus deines Daches Röhre,
Und an den Uhren schnell die Zeiger summen,

Und das Begrabne lebt und huscht im Sand,
Du meinen Namen rufst und ich nicht höre.
Und hört ich's, müßt ich schaudern und verstummen.

SIEH mich, das Meer, das dir zu Füßen brandet,
Laß dich umschlingen, küssen, schmelzen, komm!
Wie Well um Welle stürmend dich erklomm,
Bist du ein Gott, in Element gewandet.

Laß deinen Leib von meinem Leib umgleiten!
Kein Flor, kein Hauch, kein Strahl mehr, der uns trennt.
Nur du, nur du, soweit der Blick erkennt,
Umbraust vom Mantel meiner Zärtlichkeiten.

Den Ozean, den ihre Glut durchdrungen,
Verläßt die Sonne, und mit Huld zerstörend
Tilgt ihre Schönheit die geballte Nacht.

Du laß die Welt in ewgen Dämmerungen!
Geduldger Andacht Ungestüm erhörend
Begrabe dich in meine Liebesmacht.

AN unsrer Seite geht Erinnerung
Und flicht des Weges Zier zu Kranzgewinden,
Wie Bienenflug um sommerliche Linden
Summt süß Musik von ihrer Füße Schwung.

Vom Schmelz der Dinge schimmern ihre Hände,
Sie hüten erd- und meerversunknen Hort.
Er hebt und rührt sich auf ihr weckend Wort
Und funkelt jung wie Tau in das Gelände.

Nicht Blumen sind's, was sie zum Kranz gelesen;
Sie sammelt Saat des Lebens, das verging.
Aus neuer Hoffnung, längst versiegten Zähren,

Verschmiedend glühend Heut und starr Gewesen,
Biegt unser goldnes Leben sie zum Ring,
Daß es unendlich kreist in ewgen Sphären.

LEBEN

HELL strömt aus Schluchten der Vergangenheit
In unsre Becher, die wir schwärmend füllen,
Ambrosisch Blut, aus dessen Purpurhüllen
Verklärtes Leben funkelnd sich befreit:

Sehnsucht und Liebe, Tränen, Lächeln, Lust
Und Kampf und Fluch und siegende Gedanken
Der Toten, die wie wir den Festwein tranken,
Lenzlaub im Haare, unser nicht bewußt;

Und wir gewahren nicht, ins Heut versonnen,
Daß jeder Tropfen, den die Zeit ergießt,
Von unsrer Seele löst und so durchglutet

Herniederrinnt in einen dunklen Bronnen,
Der einst in andre Schalen überfließt
Berauschter Zecher, die der Tag umflutet.

WIE zwei Tote, die um Liebe starben,
– Duftend Feuer schmilzt sie nun zusammen –
Ruhn wir still, umblaut von Frühlingsflammen,
Satt in Wonne nach der Trennung Darben.

Hoch im Himmel mit geblähten Säumen
Drehn die Stunden sich in Sturmestänzen,
Ihre blanken Sohlen sehn wir glänzen,
Doch kein Ton fällt aus so fernen Räumen.

Aber langsam sinken die vergangnen
Tage, die das Herz in Qual belauschte,
Schwer hinunter in verhüllte Tiefen,

Wie wenn unterirdisch Goldestriefen
In des Felsens hohle Becken rauschte,
Jenseit von uns ewig dicht Umfangnen.

DA wo der frühen Falter gelbes Lodern
Um wild Gestrüpp am Bergeshange zückte,
Und Bäche quollen durch verjährtes Modern,
Verweilten wir, die Glückes Last erdrückte.

Wie von des Meisters Hand entfesselt Erz
Goß sich die Kraft der Sonne auf uns nieder,
Sie stürzte rot durch unser schlagend Herz
Und wuchs wie goldne Haut um unsre Glieder.

Nun ist mir so, als ob dort oben bliebe,
Den Elementen kund und zugesellt,
Unsterblich eins: das Strahlenbild der Liebe,

Indessen wir, Staub ohne Sinn und Dauer,
Der vor der Stunde blindem Schlag zerfällt,
Hinunterstiegen in das Tal der Trauer.

WIE lastet mir das Leben ohne dich!
Nun können wir's auf Fingerspitzen regen,
Ein goldnes Bällchen, wie die Gaukler pflegen,
Das an Gewicht noch eben Felsen glich.
Es tanzt und schimmert, dünnes Glasgewebe
Und unverletzlich doch wie Diamant,
Ein selges Wesen, Sternen anverwandt;
Ach, daß es unsern Händen nie entschwebe!

MUSIK bewegt mich, daß ich dein gedenke,
So will auch Meer und Wolke, Berg und Stern,
Wie anderer Art als du, dir noch so fern,
Daß ich zu dir das Herz voll Andacht lenke.
Kein edles Bild, das nicht mein Auge zwinge
Von dir zu träumen, kein beseelter Reim,
Der nicht zu dir Erinnern führe heim –
Geschwister sind sich alle schönen Dinge.

URALTER Worte kundig kommt die Nacht;
Sie löst den Dingen Rüstung ab und Bande,
Sie wechselt die Gestalten und Gewande
Und hüllt den Streit in gleiche braune Tracht.

Da rührt das steinerne Gebirg sich sacht
Und schwillt wie Meer hinüber in die Lande.
Der Abgrund kriecht verlangend bis zum Rande
Und trinkt der Sterne hingebeugte Pracht.

Ich halte dich und bin von dir umschlossen,
Erschöpfte Wandrer wiederum zu Haus;
So fühl ich dich in Fleisch und Blut gegossen,

Von deinem Leib und Leben meins umkleidet.
Die Seele ruht von langer Sehnsucht aus,
Die eins vom andern nicht mehr unterscheidet.

WIR wanderten von junger Liebe trunken
In dieses Friedhofs grün verhangnen Gängen,
Wo Immergrün und Efeu sich bedrängen,
Mit Toten in der Gräber Nacht versunken.

Der alten Weiden Schatten und der Birken
Schlug schirmend über unserm Haupt zusammen,
Gelassen duldend ungesühnte Flammen
Zu flüchtger Rast in heiligen Bezirken.

Von langer Irrfahrt sind wir nun zurück
Und suchen, die verwildert Kraut umspann,
Der Väter Kreuz, auf eingesunknen Stätten,

Still in vergangner Wonne, künftgem Glück.
Hier werden wir, wenn unsre Zeit verrann,
Nie mehr geschieden, nicht mehr zwei, uns betten.

Printed at Repro India Ltd.